BEI GRIN MACHT SICH IHR WISSEN BEZAHLT

AF145106

- Wir veröffentlichen Ihre Hausarbeit,
  Bachelor- und Masterarbeit

- Ihr eigenes eBook und Buch -
  weltweit in allen wichtigen Shops

- Verdienen Sie an jedem Verkauf

Jetzt bei www.GRIN.com hochladen und kostenlos publizieren

Daniel Dietrich

Inhaltsangabe zum Film „Leila" von Dariush Mehrjui

GRIN Verlag

Bibliografische Information der Deutschen Nationalbibliothek:

Die Deutsche Bibliothek verzeichnet diese Publikation in der Deutschen National-
bibliografie; detaillierte bibliografische Daten sind im Internet über http://dnb.d-
nb.de/ abrufbar.

Dieses Werk sowie alle darin enthaltenen einzelnen Beiträge und Abbildungen
sind urheberrechtlich geschützt. Jede Verwertung, die nicht ausdrücklich vom
Urheberrechtsschutz zugelassen ist, bedarf der vorherigen Zustimmung des Verla-
ges. Das gilt insbesondere für Vervielfältigungen, Bearbeitungen, Übersetzungen,
Mikroverfilmungen, Auswertungen durch Datenbanken und für die Einspeicherung
und Verarbeitung in elektronische Systeme. Alle Rechte, auch die des auszugsweisen
Nachdrucks, der fotomechanischen Wiedergabe (einschließlich Mikrokopie) sowie
der Auswertung durch Datenbanken oder ähnliche Einrichtungen, vorbehalten.

Impressum:

Copyright © 2005 GRIN Verlag GmbH
Druck und Bindung: Books on Demand GmbH, Norderstedt Germany
ISBN: 978-3-656-93332-8

Dieses Buch bei GRIN:

http://www.grin.com/de/e-book/287877/inhaltsangabe-zum-film-leila-von-dariush-
mehrjui

GRIN - Your knowledge has value

Der GRIN Verlag publiziert seit 1998 wissenschaftliche Arbeiten von Studenten, Hochschullehrern und anderen Akademikern als eBook und gedrucktes Buch. Die Verlagswebsite www.grin.com ist die ideale Plattform zur Veröffentlichung von Hausarbeiten, Abschlussarbeiten, wissenschaftlichen Aufsätzen, Dissertationen und Fachbüchern.

Besuchen Sie uns im Internet:

http://www.grin.com/

http://www.facebook.com/grincom

http://www.twitter.com/grin_com

Universität Erfurt
Philosophische Fakultät
Kolloquium „Kulturgeschichte Westasiens"
Zusammenfassung des Filmes „Leila"
von Dariush Mehrjui
vom 1. Juni 2005

von: Daniel Dietrich

Zu I.

Der Film „Leila" von Dariush Mehrjui aus dem Jahre 1997 gehört zu der Rubrik der Späten Festivalfilmen im Iran.

In diesem Genre steht die „Welt der Erwachsenen" im Vordergrund. Es findet eine realistischere Darstellung der iranischen Gesellschaft (eben durch das Auftreten der Erwachsenen) statt als in den Frühen Festivalfilmen. Probleme, wie Homosexualität und AIDS werden aufgegriffen, wobei oftmals die Probleme ungelöst bleiben. Die Ausweglosigkeit der Lage steht im Mittelpunkt dieser Filme.

Weiterhin wird ein moderner Standpunkt propagiert, was aber nicht heißt, dass eine „Verwestlichung" eintritt. Ein anderer Film dieses Genres ist zum Beispiel der sozialkritische Film „Do zan" („Zwei Frauen"), der 1999 von Tahmineh Milani gedreht wurde.

Zu II.

Dariush Mehrjui wurde 1940 in Teheran geboren. Er interessierte sich schon von Kindheit an für Malerei und Musik. 1959 ging er nach Kalifornien, um Film zu studieren. Kurz nach seiner Rückkehr in den Iran schaffte er seinen Durchbruch als Filmemacher mit „The Cow" (1969), der international sehr positiv aufgenommen wurde. Seit 1992 konzentriert er sich bei seinen Filmschwerpunkten auf weibliche Charaktere. Weitere Filme sind: „The Postman" (1972), „The Circle" (1978), „Homoon" (1989), „Sara" (1993), „Leila" (1997), die auf mehreren Filmfestivals prämiert wurden.

Zu III.

Der Film handelt von der jungen Frau Leila (gespielt von Leila Hatami), die einen Mann namens Reza (Ali Mosaffa) bei einem Puddingfest („Sholezard Pudding") kennen lernt und im weiteren Verlauf heiratet. Sie findet nach der Hochzeit bei einem Arztbesuch heraus, dass sie keine Kinder bekommen kann und nach einem Besuch bei den Eltern von Reza, muss das Ehepaar feststellen, dass sich die Mutter von Reza (Jamileh Sheikhi) einen Enkel wünscht, um den standesgemäßen Nachwuchs zu sichern. In der folgenden Heimfahrt macht Reza deutlich, dass Leila nicht geheiratet hat, um Kinder zu bekommen, sondern weil er sie liebt. Nach einer Vielzahl von Tests, die Leila über sich ergehen lässt, wurde festgestellt, dass sie nur eine sehr geringe Möglichkeit der Befruchtung hat. Nachdem Leila nun in Betracht gezogen hat, ein Kind zu adoptieren und diese Möglichkeit ausschlägt, weil ihr dieses Kind als fremd erscheint, setzt Leila's Schwiegermutter sie unter Druck, Reza zu verlassen. Infolgedessen versucht Reza seine Mutter dazu zu bringen, dass sie sich aus ihren Leben heraushalten soll, aber durch die immer größer werdende Lethargie bei Leila und durch das immer intensivere Zureden ihrer Schwiegermutter, dass Leila zumindest eine zweite Ehefrau akzeptieren solle, sucht sie nach anderen Frauen für ihren Mann. Zu dieser Zeit schafft es Reza nicht sich gegen seine Mutter durchzusetzen und akzeptiert ihren Willen durch den „Umweg" über Leila. Nach drei erfolglosen Treffen mit anderen Frauen, kommt Reza sich mit der vierten Frau, Gitty, näher. Darüber ist seine Mutter sehr glücklich, jedoch nimmt ihm das sein Vater übel. Sie treffen sich mehrmals und er zieht in Betracht sie zu heiraten. Leila ist mit der Hochzeit zwischen ihrem Mann und Gitty ebenfalls einverstanden und sucht sogar das Hochzeitskleid mit aus. Doch als Reza dann mit Gitty in der Hochzeitsnacht nach Hause kommt und mit ihr in das Schlafzimmer geht, ist es für Leila zuviel; in ihr steigen Gefühle der Vernachlässigung, Erniedrigung und Resignation auf bis sie schließlich flieht und zu ihrer Familie flüchtet, der sie am Anfang nicht erzählt hat, dass sie keine Kinder bekommen kann. Sie schwört das Rezas Haus nie wieder zu betreten. Selbst als Reza später mit ihr sprechen möchte, um sie zur Rückkehr zu bewegen, wehrt sie ihn ab. Sie möchte ihn nicht sehen.

Gitty gebar eine Tochter, was Rezas Mutter sehr verbitterte, da sie sich so sehr einen Enkel gewünscht hat. Infolgedessen ließen sich Reza und Gitty scheiden und Gitty heiratete neu. Reza lebt indes allein mit seiner Tochter und möchte Leila wiederhaben. Leila und Reza waren noch nicht geschieden.

Wieder bei dem traditionellen Puddingfest sahen sich Reza und Leila wieder, wobei neben ihm seine kleine Tochter lief. Das Ende bleibt offen.

<u>Zu IV.</u>

Interessant bei diesem Film ist die Frage, wen die Schuld trifft, weshalb diese Ehe aus Liebe so auseinander geht. Seit der Nachricht, dass Leila keine Kinder bekommen kann, nimmt die menschliche Entwicklung zwischen den einzelnen Personen, insbesondere zwischen Leila und Reza, eine starke Eigendynamik, wobei die Kritik der Schwiegermutter an Leila den Anstoß gab. Sie wollte ihren Willen durchsetzen, an den Traditionen festhalten, einen Enkel zu haben und konnte nicht davon lassen, Leila dafür zu benutzen - auf welche Weise auch immer. Denn nachdem sie Leila nicht ausbooten konnte (da Reza an ihr festhielt), hat sie sie auf ihre Seite gezogen (weil Leila das mit sich auch machen ließ). Ihr Einfluss auf Leila war schließlich so stark, dass Leila zwischen dem Bekannt werden der Unfruchtbarkeit und der zweiten Hochzeit als eine Art „Handlanger" der Schwiegermutter fungierte. Für diese Herrschsucht und Einmischung bekommt sie zur „Strafe" keinen Enkel.

Bezüglich Reza ist zu sagen, dass er sehrwohl zu Leila gehalten hat, als bekannt wurde, dass er mit Leila keine Kinder haben kann, jedoch durchschaute er nicht, dass seine Mutter Leila unter anderem als „Sprachrohr" benutzte, um einen Enkel zu bekommen. Er war mit allem einverstanden, womit auch Leila einverstanden war und konnte sich nicht durchsetzen bzw. war zu blind, um zu sehen, dass Leila als „Mittel zum Zweck" oder zumindest als große Hilfe für die Schwiegermutter diente. Dies hätte er eigentlich sehen und sich durchsetzen müssen. Dafür hat er Leila verloren.

Leila ist zu kritisieren, weil sie überhaupt nicht in der Lage ist, sich gegen die Übermacht der Schwiegermutter durchzusetzen. Sie hat zwar ihre eigenen Meinungen und Gedanken und widersteht anfänglich, ist aber zu sensibel und hat nicht den Mut und die Kraft, sich gegen Reza's Mutter aufzulehnen oder zumindest dauerhaft zu widerstehen. Somit lässt sie alles Mögliche über sich ergehen bis ihr in der (zweiten) Hochzeitsnacht, die Gefühle überkommen und flüchtet. Sie ist also keine Person, die sich dem Problem stellt, sondern davor wegläuft. Dafür verliert sie ihren Mann und eine eigentlich glückliche Ehe.

Meiner Meinung nach ist das Zusammenwirken sowohl der charakterlichen Stärke der Schwiegermutter als auch die charakterliche Schwäche von Reza und Leila für die Geschehnisse nach dem Bekannt werden der Unfruchtbarkeit ausschlaggebend. Jedoch ist das Unterlassen des Widerstandes von Leila entscheidend dafür, dass alles so geschieht, wie es geschehen ist. Sie verlässt dann auch noch ihren Mann und ist damit zum großen Teil für die Zerstörung der Ehe verantwortlich.

Der Film zeigt, dass sich hier nicht nur Tradition (Schwiegermutter; will Enkel) und Moderne (Reza; will keine Kinder) gegenüberstehen, sondern auch, dass dieser Konflikt zur Zerstörung einer Ehe führen kann.